ÉTUDE

SUR

LUCE DE LANCIVAL

PAR

ALFRED DONEAUD DU PLAN

Professeur à l'École navale de Brest

TRAVAIL COURONNÉ PAR LA SOCIÉTÉ ACADÉMIQUE DE SAINT-QUENTIN

SAINT-QUENTIN
Imprimerie Ch. POETTE, rue Croix-Belle-Porte, 19

1881

ÉTUDE

SUR

LUCE DE LANCIVAL

PAR

Alfred DONEAUD DU PLAN

Professeur à l'École navale de Brest

Travail couronné par la Société Académique de Saint-Quentin

SAINT-QUENTIN
Imprimerie Ch. Poette, rue Croix-Belle-Porte, 19

1881

ÉTUDE SUR LUCE DE LANCIVAL

Paulo minora canamus.

« Lorsqu'on est imbu des principes d'une saine littérature, ne peut-on, appuyé sur les grands maîtres de l'antiquité, saluer, au moins en passant, les demi-dieux du Parnasse ? Les divinités du second ordre avaient aussi leurs autels. A l'exemple du sage Ulysse, qui, attaché au mât de son vaisseau, sut assister impunément aux concerts enchanteurs des sirènes, ne peut-on pas admirer les véritables beautés d'un ouvrage, en échappant à celles dont le goût s'effarouche, et jouir, sans être ébloui, de tout le luxe dont il brille ? Proscrire un auteur parce qu'il n'est point parfait, c'est sacrifier les beautés qu'il a à celles qui lui manquent, c'est lui dérober sa gloire en se dérobant à soi-même des jouissances. »

Quand Luce de Lancival, dans la préface de son *Achille à Scyros*, écrivait ces lignes éloquentes pour venger Stace des dédains de Laharpe, il ne songeait vraisemblablement qu'à se justifier de la tâche qu'il avait entreprise, et il ne pensait sans doute point que ceux qui liraient ses œuvres pourraient être tentés de lui appliquer ce qu'il a dit lui-même du poète latin.

Comme Stace en effet, peut-être même encore à un

degré inférieur, Luce de Lancival ne saurait être rangé parmi les littérateurs de premier ordre. Il n'appartient point à cette immortelle phalange des écrivains de race qui, au XVIIe siècle, ont rendu classique la langue française, au XVIIIe, l'ont popularisée dans le monde entier. Contemporain de la Révolution, il n'a point su s'inspirer de cette grande époque, et n'a pu arriver à la gloire incontestable de Châteaubriand ou de Mme de Staël ; pas même à la réputation de son chef Fontanes, ce glorieux coryphée de l'Université impériale, ou des poètes Lebrun, Ducis et Delille ; mais ce n'en est pas moins un littérateur estimable, et l'un des plus honorables représentants de cette époque assez pâle désignée sous le nom de période du premier Empire. Homme d'esprit et des salons, plutôt qu'homme d'église, possédant une instruction solide, brillant professeur, s'il n'eut pas pour lui le génie de l'invention poétique, il possédait du moins de saines notions de littérature, et, en somme, sa part est encore assez belle dans l'estime de la postérité. Aussi bien, à ce titre seul de *poeta minor*, mérite-t-il de n'être pas entièrement oublié.

Jean-Charles-Julien Luce de Lancival, d'après son acte de naissance dont nous avons pu obtenir copie, naquit à Saint-Gobain (ancienne Picardie, aujourd'hui département de l'Aisne) le 28 avril 1764. C'était le troisième enfant de Julien-Antoine Luce, notaire royal au bailliage de Vermandois, résidence de Saint-Gobain, et de dame Thérèse-Michelle Lemor, fille d'un directeur des aides. Son nom distinctif de Lancival, il le prit, paraît-il, d'une terre que son père possédait à Saint-Gobain. En dépit de toutes nos recherches, nous n'avons pu nous procurer de renseignements circonstanciés sur sa famille. C'est ainsi que nous ignorons ce qu'est devenu son frère aîné **Amédée-Félix-Victor**, né en 1762. D'après la *Biographie universelle* d'Arnault, Jay et Jouy, il mourut jeune ou du moins sans s'être marié. Il y a eu encore un troisième garçon, Henri-Auguste, né en 1769, dont nous ne connaissons que le nom. Quant à sa sœur, Thérèse-Hélène-Charlotte, nous savons seulement qu'elle se fit religieuse. Le père de Luce devait jouir d'une certaine aisance. Jean-Charles-Julien, envoyé à Paris, y fit des études brillantes au collége Louis-le-Grand. Les Jésuites, qui avaient dirigé cet établissement au temps de Voltaire, venaient d'être bannis de France ; mais ils avaient été remplacés par des professeurs de l'ancienne université religieuse d'avant la Révolution.

Luce commençait sa rhétorique, quand la femme de Louis XVI Marie-Antoinette perdit sa mère Marie-Thérèse. C'était à la fin de l'année 1780. La mort de l'impératrice d'Allemagne, reine de Bohême et de Hongrie, qui avait combattu pendant plus de vingt ans le grand Frédéric, qui, même après son mari François de Lorraine, continua, sous son fils Joseph II, de diriger les affaires, avec le titre glorieux de mère de la patrie, était un évènement important en Europe, et les qualités de cette grande souveraine devaient lui valoir bien des éloges. En France, elle fut célébrée, à notre connaissance, par un poème de l'helléniste lyonnais Guillaume de Rochefort ; par une oraison funèbre en latin de Dupuis, professeur d'éloquence au collège de Lisieux ; par une oraison française de l'abbé Sauvigny ; par un double poème en vers latins et en vers français de Riquier, docteur agrégé dans la faculté des arts. Notre rhétoricien se joignit, par un poème latin, à ce concert d'éloges, et Collin de Plancy, dans sa notice sur Luce, dit qu'il reçut, à ce sujet, de Frédéric le Grand, une lettre de félicitations et un présent. Rabbe ajoute, et nous mentionnons le fait sans avoir pu le contrôler, que, peu de temps après, l'empereur Alexandre II lui accorda une pension.

Trois ans plus tard, le traité signé à Versailles terminait la guerre de l'indépendance américaine. Luce, alors sorti du collége, célébra également cet évènement par une ode latine, *De pace carmen*, 1784, in-4°. Cette pièce et la précédente ne sont point parvenues jusqu'à nous, et, faut-il l'avouer, nous ne les regrettons que médiocrement. Nous reconnaissons volontiers que, pendant tout le XVIIIe siècle, grâce surtout à l'instruction donnée par les Jésuites, même plus tard, sous leurs successeurs et pendant le premier Empire, le vers latin a été aussi florissant que la harangue latine dans les établissements scolaires de France, ce qui explique comment, la tradition aidant, ils ont été maintenus dans les hautes classes des lycées jusqu'à nos jours. Cela ne nous empêche pas, nous qui les avons pratiqués avec plus ou moins de succès, de regretter le temps considérable employé, pour ne pas dire dépensé, à ces exercices. Le vers latin, en particulier, ne devrait pas, selon nous, dépasser la classe de troisième, attendu qu'il ne s'agit point de parler la langue de Lucain ni même celle de Claudien, à plus forte raison de marcher sur les traces de Virgile ou d'Horace, mais simplement de se faire une idée de la métrique des anciens. Quant au discours latin, nous nous contentons de lui opposer l'axiome darwinique : les langues mortes ne reviennent pas. Quoi qu'on fasse en effet, on n'arrivera jamais à nous faire comprendre les faits de la civilisation moderne exposés dans un idiome disparu, et les Hongrois seuls, dont le latin est en quelque sorte la langue nationale, étaient en droit de s'écrier, dans l'ancien langage romain : *Moriamur pro rege nostro Maria-Theresa !*

A ces deux élucubrations latines nous préférons le poème de Luce sur le Globe, qui parut la même année que l'ode sur la paix, d'abord parce qu'il a été imprimé parmi ses œuvres, ce qui nous a permis de nous en rendre compte, en second lieu parce qu'il est en langue française. Rivarol, dans son *Petit almanach de nos grands hommes*, l'a apprécié par une seule phrase très inexacte et superficielle d'ailleurs : « Son poème sur l'invention de M. Charles, dit-il, fut cause d'abord de tout le bruit que fit cet évènement, et soutiendra dans la postérité le souvenir de la découverte des globes aérostatiques. » Nous estimons que l'auteur du *Discours sur l'universalité de la langue française*, si toutefois son langage n'est pas ironique, car il faut se défier de Rivarol, a ici quelque peu surfait Luce aux dépens du physicien de Beaugency. Ce qu'il y a de vrai, c'est que notre héros, alors âgé de vingt ans, était étudiant en médecine dans l'Université de Paris, et que son œuvre est une sorte de dithyrambe en l'honneur de l'aérostation, cette merveilleuse découverte qui promettait tant au début et qui a fait si peu de progrès depuis un siècle qu'elle s'est produite, attendu que les premières expériences remontent à l'année 1783. Luce fut enthousiasmé comme tous ses compatriotes, cela se comprend, et son ardeur juvénile lui fit commettre ce péché littéraire, son début dans la poésie française.

Effrayé à la vue de la première montgolfière, Jupiter convoque les dieux

> Pour décider si des mortels
> On doit encourager ou réprimer l'audace.

Le roi de l'olympe émet le premier son avis, et se prononce contre cette invention titanesque qui lui rappelle l'entreprise de Typhon et d'Encelade. Junon, contre son ordinaire, applaudit au discours de son époux. C'est qu'elle craint que, grâce au ballon, les Vénus de France ou de la Géorgie ne se montrent au souverain des dieux et ne cherchent à lui plaire. Mars est d'avis qu'il ne faut pas craindre l'aérostat, et déjà il espère que l'air deviendra un nouveau champ de bataille. Contrairement à Mars, Phœbus n'entend point que, à la faveur de ce globe, les mauvais poètes puissent

  Du Pinde inaccessible atteindre la hauteur.

Bacchus qui, de son côté, a l'arrière-pensée de

  Transporter dans l'olympe et Champagne et Bourgogne,

combat l'opinion d'Apollon en promettant, sans s'expliquer davantage, un profit certain et nul risque à courir. Mercure eût donné sa voix à Montgolfier, s'il n'avait craint d'être supplanté par lui. Vénus ne voit dans l'affaire que de nouveaux sujets à conquérir. Minerve enfin, pour ne pas se trahir, car c'est elle qui a inspiré Montgolfier, propose de l'enlever à la terre, en en faisant un dieu, et de son ballon un astre ; quand un génie révèle à Jupiter que Montgolfier a déjà dans Charles un rival, et dans Robert ainsi que dans Blanchard des successeurs. Le fils de Saturne, découvrant alors l'artifice de Minerve, prononce l'arrêt fatidique, contre lequel s'élève en vain le poète :

  Qu'ils ignorent toujours
 L'art de bien diriger leur fragile voilure.

Telle est, en substance, l'abrégé de ce petit poème. Le merveilleux mythologique, qui en forme la trame, est bien démodé de nos jours, et, d'autre part, on pourrait relever, de temps à autre, dans cette composition, des preuves d'inexpérience. Ainsi, toute la fin du discours de Jupiter :

> Dans les mains des Français, ajouta-t-il, cet art
> Contre les dieux jamais ne tournera sans doute ;
> S'ils veulent que l'Anglais les craigne et les redoute,
> Qu'ils respectent les dieux et sachent les aimer.
>   Contre sa future patrie
>   Louis pourrait-il donc s'armer ?
> Non, non : sa race auguste et partout si chérie
> N'a, pour venir ici, nul besoin des ballons ;
> Toujours l'olympe s'ouvre à la voix des Bourbons.
> Mais Louis sous ses lois n'a pas toute la terre :
> Ce qu'il ne ferait pas, d'autres le pourraient faire ;
> Et le ballon enfin nous perdrait tôt ou tard.

Cette péroraison ne laisse pas que d'être quelque peu décousue, et nous ne la trouvons rien moins que concluante. On pourrait en dire autant du discours d'Apollon et surtout de celui de Vénus, dont, de l'aveu même de l'auteur, les raisons ne sont pas convaincantes. Nous blâmons également le terme de pérorer, pour qualifier les discours de Vénus et de Jupin, comme aussi l'expression familière de compère, dont se sert Junon, à propos de son mari ; mais, en fin de compte, l'idée de ce poème est gracieuse en même temps que patriotique, et la versification en est facile, brillante, spirituelle. Luce y manie avec aisance le rhytme si difficile du vers libre, qui n'a pleinement réussi qu'à La Fontaine et à Voltaire. Quant à la prédiction qui termine l'œuvre :

> Vous saurez, poussant l'art à sa perfection,
> Même en dépit des dieux diriger le ballon,

nous avons déjà dit qu'elle ne s'est pas encore réalisée.

Quoi qu'il en soit, la manière dont Luce s'était distingué comme élève et comme littérateur fit désirer à ses maîtres de l'attacher à l'enseignement. Aussi fut-il nommé, en 1786, professeur de rhétorique au collège de Navarre. Ce qu'on remarqua le plus en lui dans ces nouvelles fonctions, dit Collin de Plancy, ce fut la vive affection que lui portèrent ses élèves, la confiance respectueuse qu'il sut leur inspirer constamment, et l'éloquence abondante et pure qu'il mettait dans tous ses discours.

Et pourtant, malgré ces premiers succès, il ne tarda pas à quitter l'Université, entraîné soit par son imagination ardente ou par une certaine mobilité d'esprit, soit plutôt, nous aimons à le croire, par suite de l'amitié qu'il portait à un prélat vertueux, Mgr de Noé, lequel exerça une grande influence sur sa carrière. Né en 1724 au château de la Grimaudière près La Rochelle, d'une ancienne maison de Gascogne, Marc-Antoine de Noé était évêque de Lescar en Navarre depuis 1763. C'est aujourd'hui un simple chef-lieu de canton près du Gave de Pau et sans importance. Noé s'y fit adorer de ses diocésains. Un esprit cultivé, des manières affables, un caractère enjoué, une charité tout évangélique lui conciliaient tous les cœurs. Il séduisit Luce qui, d'après ses conseils, entra dans les ordres, et devint bientôt grand vicaire de Lescar, où il ne plut pas moins que son protecteur, dont il partagea les travaux. Malheureusement, les sermons qu'il prononça pendant son ministère n'ont pas été publiés. C'est une lacune dans ses œuvres, dit judicieusement Rabbe, à ce sujet. L'homme de lettres observateur, les gens du monde instruits aimeraient à comparer ses écrits sacrés et ascétiques avec ses compositions profanes et mondaines. Dussault, dans ses *Annales littéraires*, signale seulement un panégyrique de saint Eustache, prononcé dans l'église de ce nom et resté dans l'oubli.

En 1790, lors de la constitution civile du clergé, le siége de Lescar fut supprimé, et l'évêché unique du département des Basses-Pyrénées fut établi à Oloron. Noé, opposé à cette mesure comme aux autres innovations de la Constituante, émigra en Espagne et plus tard en Angleterre. Luce resta en France ; mais il passa dans l'étude et la retraite la redoutable période de la Terreur.

Contraint de renoncer à l'état ecclésiastique, auquel d'ailleurs l'aurait rendu peu propre l'accident à la suite duquel il fut obligé de se faire amputer d'une jambe en 1790, Luce était retourné à la poésie. Il s'essaya dans le genre tragique, en dépit de l'époque et, on peut le dire également, contrairement à son talent, qui était assurément d'un esprit cultivé, mais non point d'un dramaturge.

A ceux qui seraient tentés de renouveler aux Français l'éternel et banal reproche d'inconstance dans leurs goûts, on pourrait opposer la sympathie persistante, pour ne pas dire obstinée que notre nation a montrée pendant près de trois cents ans pour un genre noble sans doute, mais aussi faux en soi que l'idylle ou l'opéra, je veux dire la tragédie gréco-latine. Aussi bien l'auteur futur de la *Gastronomie*, Berchoux, s'écriait-il, non sans raison, en 1793 :

> Qui me délivrera des Grecs et des Romains !

et, en dépit des plus louables efforts, la tragédie, au commencement du XIXe siècle, était pétrifiée, pour emprunter le mot spirituel de Mme de Staël. Venu d'Italie avec la Renaissance et inauguré au XVIe siècle par Jodelle, immortalisé par Corneille et Racine, ce genre tombe en décadence, à partir de Voltaire, malgré l'incontestable talent de ce dernier poète. Dès le XVIIIe siècle en effet, ce n'est plus cette inspiration grandiose de notre vieux poète rouennais, peignant les hommes plus grands que nature et tels qu'il les souhaiterait ; ce n'est plus ce langage du cœur, ce cri de la passion amoureuse si merveilleusement interprété par Racine, et qui sera de tous les temps et de tous les pays. La tragédie n'a été pour Voltaire qu'un cadre où il renfermait ses idées philosophiques. Ces projets de réforme du temps de Louis XV, la Révolution ne tarda pas à les traduire en faits, et la tragédie courut les places publiques, suivant l'énergique expression de Ducis. C'est alors que, pour s'accommoder au goût de l'époque, on fit des pièces révolutionnaires. Les personnages existaient déjà, c'étaient les héros de la Grèce et de Rome. Il ne s'agissait que de les faire parler suivant les idées du jour. Voyons, comment au milieu de la foule des auteurs de l'époque, notre pauvre abbé défroqué s'acquitta de son œuvre.

Sa première tragédie, *Mutius Scévola,* en trois actes, est de 1793. Elle fut représentée pour la première fois sur le théâtre de la république, le 28 juillet. C'était entre les deux assauts des Tuileries, le jour même où arrivait à Paris l'insolent manifeste publié par le duc de Brunswick. L'époque sans doute était favorable pour tenter de relever le moral des citoyens de la patrie proclamée en danger. Malheureusement Luce n'était pas à la hauteur de cette tâche, et sa tragédie ne pouvait raisonnablement obtenir le même succès que l'hymne civique de Rouget de Lisle.

Le titre est le même que celui d'une pièce de Pierre Du Ryer, *Scévole,* représentée en 1647. Dans sa préface, Luce reconnaît loyalement qu'il a beaucoup emprunté à son devancier, dont il a tâché, dit-il, de rajeunir plusieurs beautés. Effectivement, son travail d'invention s'est en quelque sorte borné à supprimer la passion du fils de Tarquin pour Junie, ce qui lui a permis de raccourcir de deux actes la pièce de son prédécesseur. Mais, pour tout le reste, l'un et l'autre auteur ont suivi d'assez près la légende. Voici l'analyse de la pièce de Luce :

Aruns, cet ambassadeur étrusque qui joue un certain rôle dans le Brutus de Voltaire, conseille à Porsenna de donner à la ville de Rome un dernier assaut. Mais il paraît que ce n'est pas encore le moment psychologique, et au lieu de détruire les Romains par l'épée, Porsenna aime mieux les réduire par la famine. Les assiégés, de leur côté, font une sortie. Aruns va les combattre. Il est près de les vaincre, quand Horatius Coclès, à lui seul, arrête l'armée étrusque à l'entrée du pont sur le Tibre. Malheureusement le bruit se répand que Mutius a péri dans la mêlée, et quant à Junie, fille de Brutus, elle est faite prisonnière. Au moment où celle-ci pleure son amant qu'elle croit mort, elle le reconnaît sous les vêtements d'un soldat de Porsenna. C'est lui-même qui a fait répandre à dessein le bruit de son trépas. Son intention est d'assassiner le roi, et il parvient à convaincre Junie de la légitimité de cet acte. Porsenna, qui s'est enfin décidé à donner l'assaut, veut faire un sacrifice aux dieux, avant de le livrer. C'est l'instant que choisit Scévola; mais, voyant Aruns habillé magnifiquement et parlant d'un ton impérieux, il le prend pour le roi et le tue. On l'arrête, et il se brûle la main, pour la punir de sa méprise. Porsenna, effrayé de cet acte de courage, pardonne au héros, le renvoie libre ainsi que Junie, et lève le siége.

La pièce de Du Ryer, qui est regardée au surplus comme son chef-d'œuvre, eut beaucoup de succès dans sa nouveauté, à l'hôtel de Bourgogne, et fut reprise avec estime en 1721. Elle est en effet bien conduite, pas mal versifiée, et les caractères, celui de Junie surtout, ne sont pas indignes d'un contemporain de Corneille. Celle de Luce, correcte, classique, élégante même, nous a paru éminemment froide. Dès le début, on la jugea faible d'action comme d'intérêt, et empreinte d'une certaine emphase rhétoricienne. Du Ryer y est rajeuni sans doute, mais énervé. Junie et son amant sont déclamatoires, et l'assassinat, préparé pendant trois longs actes, présente l'inconvénient de n'aboutir qu'à une erreur grossière. Quant à l'héroïsme de Scévola, il a pour conséquence inattendue son mariage avec Junie, véritable dénouement de comédie.

Le plus brillant passage est sans contredit celui de la défense du pont par Horatius Coclès, qui est dans la plupart des cours de littérature ; mais ce qui nous intéresse davantage, c'est la scène où les deux auteurs se rencontrent de plus près. Dans la pièce moderne, Fulvie raconte à sa maîtresse qu'elle a vu Scévola dans le camp même de Porsenna :

> Mais que prétend-il faire ? — Il a changé ses armes,
> Et d'un soldat toscan... — O mortelles alarmes !
> Qui ? lui se déguiser ! pourquoi ? — Pour nous sauver.
> — Qu'oses-tu dire ? — A peine il a pu l'achever
> Cet aveu qui nous blesse et que dément sa gloire.
> — Pour nous sauver, dis-tu ? — Je le dis sans le croire.
> — Non, tu ne l'as point vu ; non, jamais Mutius
> Par un déguisement n'eût flétri ses vertus.
> Lui, se cacher, Fulvie ! Et dans quels lieux encore !
> Parmi ses ennemis ! dans un camp qu'il abhorre
> Lui ! ceindre un bras romain d'un bouclier toscan,
> Et devoir son salut à l'erreur d'un tyran !
> Ah ! c'est trop faire injure à l'amant de Junie.
> Ton œil trompé n'a vu qu'un malfaisant génie,
> Qui, jaloux d'un héros digne de mes regrets,
> A cru souiller son ombre en imitant ses traits.
> Reviens, ô Mutius, mais reviens magnanime,
> Toujours Romain, toujours digne de mon estime :
> Ou, si je ne dois pas te revoir sans rougir,
> Rentre dans le tombeau d'où l'on te fait sortir ;
> Laisse-moi le bonheur d'adorer ta mémoire ;
> J'aime mieux te pleurer que de pleurer ta gloire.

La même scène, dans Du Ryer, est plus courte, mais non moins énergique :

Et quel est le discours que Scévole a tenu ?
— Ayant su le malheur qui vous est avenu,
Dieux, s'est-il écrié, dont j'attends un miracle,
Devez-vous à ma course apporter un obstacle ?
— Explique ce discours qui semble te choquer.
— Si je ne l'entens point, pourrais-je l'expliquer ?
Au reste il est armé, non pas à la romaine,
Mais comme sont armés les soldats de Porsenne.
— Et pourquoi ? — Sa réponse est contre sa vertu.
Pour nous sauver, Fulvie, a-t-il dit. — Que dis-tu ?
— Ce que je ne crois pas. — Pour se sauver, Fulvie,
Pour dérober à Rome et son sang et sa vie ?
Oste, oste-moi du cœur ces sentimens douteux.
Achève, ou ne dis rien, si le reste est honteux.

Bien que compris par la Convention dans le nombre des drames patriotiques, *Mutius Scévola* n'eut que cinq ou six représentations. Luce, dans sa préface, attribue cet insuccès aux circonstances : Sa pièce, dit-il, n'était pas assez révolutionnaire. Il est vrai qu'elle l'est infiniment moins que celle du *Jugement dernier des rois*, de Pierre-Silvain Maréchal, qui fut représentée sur ce même théâtre de la république le 27 vendémiaire an II (17 octobre 1793), et dont la prose brutale, pour ne pas dire plus, fut préférée à la poésie de Luce. Mais, pour nous, là n'est pas la question. A l'époque plus paisible du Directoire, on essaya vainement de reprendre *Mutius*. Bientôt la pièce fut suspendue de nouveau, et ne reparut plus. Nous pensons que si cette tragédie n'eut au début qu'un succès d'estime, c'est qu'elle ne sortait pas du cadre commun des drames de l'époque, et que plus tard si elle n'a pas été plus heureuse, cela vient de ce que l'actualité, qui seule la pouvait soutenir, en était passée. Il paraîtrait cependant qu'elle eut les honneurs de la parodie, dans une farce intitulée *La main chaude*.

L'année suivante, 1794, Luce présenta une autre tragédie en trois actes, Hormisdas, qui fut acceptée au théâtre français et plus tard au théâtre de la république, imprimée même, mais non jouée. L'auteur donne, au sujet de ce second échec, à peu près les mêmes raisons que pour Scévola. La pièce, qui avait paru d'abord trop hardie, sembla bientôt trop modérée. Trop modérée, peut-être ; trop hardie, nous n'en croyons rien. La véritable raison est que cette tragédie, composée antérieurement à Scévola, est plus faible encore. Ici, l'auteur marche sans soutien ; aussi sa pauvreté paraît-elle à découvert. Le sujet, tiré de l'histoire du Bas-Empire, est totalement dénué d'intérêt, à moins qu'on ne cherche dans ce second drame de circonstance des allusions qui n'étaient probablement pas dans la pensée de l'auteur. Son roi de Perse ou de France, Hormisdas ou Louis XVI, est un despote sans consistance, en dépit de sa fierté, et on lui crève les yeux impunément, après l'avoir empoisonné. Le vertueux Bindoès pérore en prêchant le droit à l'insurrection. Busurge, l'ancien gouverneur d'Hormisdas, est un pâle Sénèque. Varane enfin, dont tout le monde, à commencer par le spectateur, se défie jusqu'au dernier moment, n'est qu'un général espagnol dont le *pronunciamento* a réussi. On se demande vainement où est l'élément tragique dans ces divers caractères. Serait-il dans ces deux vers sonores :

> Le peuple est tout ; un roi n'est qu'un faible mortel.
> Tous les rois passeront, le peuple est éternel.

Mais il ne suffit pas de quelques hémistiches, fussent-ils bien frappés, pour constituer une bonne pièce.

Deux autres tragédies en trois actes, *Archibald* et *Fernandez*, n'eurent également qu'un petit nombre de représentations et n'ont pas été imprimées dans les deux volumes consacrés aux œuvres de Luce de Lancival. L'éditeur a mis seulement dans un appendice l'analyse de *Fernandez*. En 1798, notre auteur se releva par *Périandre*, qui fut joué à l'Odéon et qui est en cinq actes. Cette pièce est effectivement bien écrite ; mais c'est encore un drame languissant et sans vie, auquel le *Moniteur* du temps n'a même pas fait l'honneur d'un article. Réparons quelque peu cet oubli.

Périandre est un tyran de Corinthe, qui a tué par erreur sa femme, la croyant infidèle. En proie à des remords depuis cette époque, il songe à abdiquer en faveur de son fils Lycophron, qu'il n'a pas revu, et qui exècre en lui le meurtrier de sa mère. Agathophile, athénien exilé à Corinthe et ami de Périandre, lui conseille de rétablir plutôt le gouvernement républicain. Agathophile y est d'autant plus intéressé que Philoclès, père de Diocharis, ne consent à lui accorder la main de sa fille que s'il renverse Périandre ; mais l'exilé ne veut pas s'insurger contre son bienfaiteur. Heureusement pour lui, Lycophron, que Périandre voulait unir à Diocharis, a été tué par les Corcyréens. Après avoir vengé son fils par la défaite de ceux-ci, Périandre se décide à abdiquer ; mais comme

> Un roi ne peut jamais devenir citoyen,

il s'empoisonne, pour faciliter le mariage d'Agathophile avec Diocharis, laquelle ne voulait accorder sa main qu'au prix de la vie du tyran.

Périandre a été parodié comme Scévola et comme, plus tard, Hector. C'est un excès d'honneur que les deux premières de ces tragédies ne méritaient pas. Le but que se proposait l'auteur était excellent : il voulait faire aimer la vertu aux républicains, et la République à ses ennemis ;

mais l'invention est des plus faibles, et, conséquemment, l'exécution manque de nerf.

En résumé, Luce de Lancival avait montré dans ces trois pièces qu'il n'avait pas l'esprit tragique, qui est un penchant processif, de *combativité*, pour ainsi parler. Nature tendre et rêveuse, ennemie des orages, il était né pour la littérature académique ou religieuse, et non pour ces luttes fiévreuses et passionnées dont s'accommodent les dramaturges ou les orateurs, tant politiques que du barreau. Ajoutons que ses sujets sont mal choisis, comme tous ceux de l'époque, de M. J. Chénier lui-même. En s'affublant des noms gréco-romains, on continuait, en pleine Terreur, à faire usage et abus des souvenirs de l'antiquité classique au théâtre comme à la tribune, alors qu'une France nouvelle se levait à l'horizon. Le grand drame que la Convention traçait avec l'épée, c'est-à-dire le traité de Bâle, nul ne songeait encore à le célébrer. Il est vrai que notre auteur, qui n'avait pas vécu de la vie publique, aurait été encore moins capable de traiter un pareil sujet, qui l'eût écrasé.

Au surplus, Luce sembla reconnaître lui-même son peu d'aptitude pour le théâtre; car il resta plus de dix ans sans y revenir, et il avait préféré, en 1797, donner son concours à deux maîtres de pension, nommés Dubois et Loyseau, qui venaient de reconstituer l'instruction à Paris. Il leur a consacré, ainsi qu'à leurs femmes, plusieurs épîtres, entre autres celle à Clarisse *sur les dangers de la coquetterie*, et des chansons, qui ont été imprimées parmi ses poésies fugitives, et qui se recommandent par la grâce et la facilité, sans ajouter néanmoins à sa gloire.

Après le 18 Brumaire, Luce fut nommé professeur de belles lettres au lycée de Paris. C'est dans ces fonctions continuées pendant près de dix ans qu'il a développé, dit un de ses élèves, Grellet (1), par les préceptes et par l'exemple, toutes les rares qualités et les talents supérieurs qui, en 1808, le faisaient présenter par M. de Fontanes comme le professeur d'éloquence le plus distingué dont pût s'enrichir la nouvelle université. A plusieurs reprises, on le chargea de prononcer le discours de distribution de prix, d'abord au Prytanée, puis au lycée impérial, enfin au concours général entre les quatre lycées de Paris. Là du moins, Luce se retrouvait dans son rôle. Un geste correct, une diction facile, pure, élégante, pleine de goût lui conciliaient tous les suffrages. Il n'était pas jusqu'à sa période cicéronienne, convenable à la circonstance, qui ne lui valût les applaudissements de ses auditeurs. Au Prytanée, il remettait en honneur les langues anciennes ; au lycée impérial, il choisissait pour sujet l'éloge de la sévérité ; au concours des lycées de Paris du 29 thermidor an XIII, il s'emparait du sujet proposé par l'Académie française, et prononçait un *Discours sur l'indépendance des gens de lettres.*

Cette dernière oraison, qui ne se trouve pas dans ses œuvres, nous paraît être cependant la meilleure de celles prononcées par Luce. Nous l'avons trouvée dans le *Moniteur* du 17 vendémiaire an XIV (9 octobre 1805). L'entreprise était d'autant plus délicate que Napoléon, comme chacun sait, favorable aux arts, aux sciences et à l'industrie, n'aimait guère les penseurs, qu'il qualifiait d'*idéologues*. Aussi bien, Luce a-t-il soin de s'entourer de toutes les précautions oratoires indispensables en pareille circonstance. Dans un de ses discours précédents, prononcé au Prytanée en l'an XI, il avait traité de la dignité des gens de lettres (2). Ce premier sujet le conduisait naturellement

---

(1) Discours de réception à la Société Académique de Laon. *Laon*, Fleury et Chevergny, 1852, 15 p. in-8.
(2) Par quels moyens les gens de lettres peuvent-ils conserver leur dignité ? — 1803, in-8°.

au second. L'homme qui s'estime, disait-il, par cela même qu'il s'estime, sent qu'il s'appartient, et par conséquent est indépendant de toute influence étrangère au respect qu'il a de lui-même. Sa dignité tient donc à son indépendance, et, réciproquement, celle-ci à sa dignité. Citons du reste un passage de l'exorde, pour marquer le ton de ce discours :

« Le seul mot indépendance a déjà effarouché quelques esprits inquiets, que le souvenir trop récent de nos malheurs tient en garde contre tout ce qui peut réveiller les idées libérales, dont il faut convenir qu'on a cruellement abusé. Leur zèle ombrageux va jusqu'à suspecter et dénoncer les expressions les moins équivoques; ils insinuent que, si près des temps révolutionnaires, il fallait ajourner à une longue époque la thèse que j'entreprends de soutenir. Avec un peu de réflexion, cependant, on aurait senti que l'Académie proposait pour sujet de prix l'indépendance des gens de lettres, précisément pour qu'une définition claire et juste, première obligation imposée sans doute à tous ceux qui traiteront cette matière, ôtât toute incertitude sur l'interprétation du mot et toute inquiétude sur son application. Avant de blâmer les juges, il fallait attendre leur jugement. On pouvait se rassurer d'ailleurs en pensant que c'est surtout aux lettres que l'anarchie est fatale; que les muses fuient le trouble et se taisent au milieu des armes; que c'est à l'ombre de la paix et sous l'abri tutélaire de l'autorité légitime qu'elles respirent, se plaisent et prospèrent; en se rappelant enfin que c'est sous la domination absolue, mais protectrice, des Auguste et des Louis XIV qu'ont brillé les plus grands hommes de la littérature; que, dans tous les temps, la morale et la religion se sont alliées au talent, au génie, et que, si les véritables gens de lettres ont constamment réclamé la liberté illimitée de penser, ils ont toujours reconnu des bornes à la liberté de parler et d'écrire. »

A part l'affirmation trop absolue que les lettres ont en quelque sorte besoin du despotisme pour prospérer, tout ce passage est bien écrit et sagement pensé.

L'auteur continue en démontrant que l'indépendance des gens de lettres, toujours compatible avec l'obéissance due au souverain et le respect que commande la religion, est une conséquence naturelle et nécessaire des fonctions qu'ils exercent ; que cette indépendance consiste, non pas à les affranchir de tout lien, mais à ne leur faire porter d'autres chaînes que celles qu'ils ont reçues des mains de la raison. C'est en vain qu'on a voulu contester l'excellence des lettres : ce sont elles qui mettent entre l'homme et l'homme la même différence que la raison établit entre l'homme et la brute. Suit un éloge enthousiaste des lettres, dans lequel l'auteur semble s'écarter de son sujet ; mais il y revient en montrant que leur importance et leur illustration tiennent à leur indépendance. Enfin, après avoir établi comment l'homme de lettres conserve sa liberté, l'orateur nous fait voir comment il peut la perdre, s'il fréquente ce qu'on appelle le grand monde, s'il est avide de renommée, surtout s'il est trop sensible à la critique.

Le résumé que nous venons de rédiger peut donner une idée du fond de ce discours remarquable, de même que la citation que nous en avons faite peut en recommander la forme élégante, correcte, parfaitement académique.

Un autre discours de Luce, antérieur au précédent, le mit encore plus en relief peut-être, ce fut l'*Éloge de M. de Noé*, au sujet duquel un concours avait été ouvert simultanément par le Musée de l'Yonne et la Société académique de l'Aube. L'ancien évêque de Lescar, revenu en France lors du Concordat, avait été nommé à l'évêché de Troyes. Il ne fit en quelque sorte que se montrer dans cette ville, où il mourut, le 21 septembre 1802, au moment où il allait être présenté par le gouvernement pour un chapeau de cardinal. Dans sa séance du 25 fructidor an X, le Musée de l'Yonne décerna le prix du concours à Luce de Lancival.

Nul n'était plus à même que notre savant professeur d'entreprendre ce panégyrique ; nul ne pouvait, mieux que lui, exposer en connaissance de cause quels avaient été les talents et les vertus de l'éminent prélat, avec lequel il avait vécu dans une liaison si étroite. Luce prit pour devise la phrase de Quintillien : *Pectus est quod facit disertos*, et il sut la justifier, car il se montra tout ensemble éloquent et vrai. « C'est, a dit Magnin (1) qui en principe n'est pas favorable à Luce, le plus naturel et le mieux pensé de ses écrits en prose. »

Nous avons déjà parlé en général de l'aménité et des vertus de l'évêque Noé ; mais nous n'avons rien dit de son administration du diocèse de Lescar, dont il avait été pendant plus de trente ans le modèle et le père ; de son dévouement pendant l'épizootie qui affligea le Béarn ; enfin du courage qu'il montra en défendant son frère, le vicomte de Noé, maire de Bordeaux, injustement condamné à l'exil par suite d'une vengeance ministérielle. Tous ces faits sont racontés en détail par Luce, qui, dans son éloge, s'applique à relever tout ensemble les grandes vertus et les talents éminents de son ancien bienfaiteur. Picot, l'auteur de l'article Noé dans la *Biographie Michaud*, ne s'est pas montré sympathique pour ce prélat,

---

(1) Causeries et méditations historiques et littéraires. — Paris, Benjamin Duprat, 1843.

principalement à cause de son discours sur l'état futur de l'église, composé pour l'assemblée du clergé de 1785, et qui ne fut point prononcé, mais a été imprimé. Luce, au contraire, considère cet écrit comme un chef-d'œuvre ; il en fait l'analyse et en cite un assez long passage. Noé, dit-il, voyait dans les desseins de Dieu de grandes menaces mêlées à de grandes promesses, et il essayait de fixer la mesure précise des espérances et des alarmes que les fidèles devaient concevoir.

Tout le discours de Luce est un panégyrique enthousiaste, plein d'images, parfois même empreint de cette emphase du XVIIIe siècle, que Voltaire appelait méchamment du galithomas au lieu de galimatias, comme quand, par exemple, l'auteur nous représente la Dordogne furieuse opposant au prélat et à son vicaire l'obstacle mugissant de ses flots terriblement accrus. Cependant, en général, cette couleur poétique qu'il répand sur son sujet ne déplaît pas; il y a dans cette composition beaucoup d'ordre et de méthode, en même temps que de la chaleur et de l'élégance. Donnons ici comme preuve la péroraison :

« Son âme céleste est donc enfin remontée à sa source ; il est entré dans la patrie des justes, ce pontife adoré qui, à l'exemple de son divin modèle, a passé sur la terre en y semant des bienfaits ; ce digne rival de Chrysostome, auquel il n'a manqué, pour atteindre à la réputation des plus grands orateurs, que des occasions plus fréquentes d'exercer son talent. O vous qui jouissez maintenant du prix de vos vertus et de vos longues souffrances, si de la sphère divine où vous brillez d'un éclat incomparable, il vous était permis d'abaisser vos regards sur ce théâtre périssable où vous n'avez fait que préluder à votre immortalité, peut-être éprouveriez-vous encore une émotion douce en voyant les regrets honorables que vous y avez laissés... Enfin, en entendant votre panégyriste, vous reconnaîtrez avec quelque plaisir peut-être une voix qui ne fut jamais vendue à la faveur ni au mensonge ; que vous aimiez parce qu'elle ne vous flattait point; et, devant le Dieu de vérité, votre modestie me pardonnerait un éloge qui n'est que votre histoire. »

Fin qui rappelle de loin la voix qui tombe et l'ardeur qui s'éteint, dans les dernières lignes de l'oraison funèbre du prince de Condé par Bossuet.

L'année même où Luce prononçait cet éloge, paraissait la première édition de son *Achille à Scyros*, connu déjà depuis quelque temps par des lectures dans plusieurs réunions littéraires. C'est un poème en six chants, imité de l'Achilléide de Stace, et l'ouvrage le plus considérable, sinon le plus important, de Luce.

Comme Lucain, Stace est mort fort jeune. Il avait à peine trente cinq ans, quand il s'éteignit en l'an 96 de Jésus-Christ. Et pourtant cet admirateur de Virgile, ainsi que Silius Italicus, a laissé un volumineux recueil de poèmes, en cinq livres, intitulé *Silves* ; une épopée ou plutôt un poème héroïque en douze chants, la *Thébaïde* ; enfin une seconde épopée inachevée, l'*Achilléide*.

De ce second poème, Stace n'a terminé que le premier livre ; le deuxième est resté imparfait. L'auteur s'est arrêté au moment où Achille, découvert et entraîné par Ulysse, quitte la cour de Lycomède, pour rejoindre ses compagnons à l'expédition de Troie. S'il avait achevé son ouvrage, le poème eût offert probablement les mêmes beautés et les mêmes défauts que la *Thébaïde*. Il s'était proposé de décrire toute la vie de son héros, *ire per omnem heroa*, dit-il lui-même, au lieu de raconter seulement un fait capital de son existence. Aussi Boileau l'a-t-il eu en vue particulièrement, quand il a écrit dans son art poétique :

> Le seul courroux d'Achille avec art ménagé
> Fournit abondamment une Iliade entière.

Moins présomptueux que Stace, et ne fut-ce que pour ne pas refaire une partie de l'Iliade, Luce s'est borné sagement à l'épisode d'Achille à Scyros. Il avoue, cette fois encore, que l'auteur latin lui a fourni, indépendamment du sujet, presque tout le plan et la plupart des détails du poème. Il n'avait d'abord songé qu'à mettre en vers une traduction en prose qu'il avait faite de l'*Achilléide*. Plus tard, il se proposa de reproduire les beautés du poète latin, tout en en évitant les défauts.

Nous n'éléverons pas la question de décider si *Achille à Scyros* est une épopée ou simplement un poème mythologique. Nous n'examinerons pas si ce cadre gracieux comporte plus de mollesse que d'énergie ; si enfin, comme l'a dit Dussault, en jouant sur les mots, c'est un poème érotique plutôt qu'héroïque. Acceptant le sujet tel quel et comparant Luce à Stace, nous remarquerons tout d'abord que son œuvre, présentée comme imitation, peut, à la rigueur, être considérée comme une création véritable. L'invocation à Domitien a été remplacée heureusement par une invocation à Homère ; l'épisode du rival d'Achille, assez court d'ailleurs, ne se trouve pas dans Stace ; le rôle de Thétis a été ennobli. Par contre, la description des préparatifs de guerre contre les Troyens est considérablement écourtée ; en un mot, Luce, comme il le dit lui-même dans son avant-propos, a changé, ajouté, retranché, transposé, quelquefois créé, souvent traduit.

Voici maintenant l'économie de ce poème. Thétis, alarmée en apprenant l'ordre du destin qui appelle au siège de Troie son jeune fils Achille, veut le soustraire par une ruse aux mains du centaure Chiron et à l'appel des rois grecs. Aussi feint-elle de vouloir retremper son fils dans les eaux du Styx, et cette fois de l'y plonger tout entier. Avant de s'éloigner de son maître, Achille raconte à sa mère les exemples qu'il a reçus du centaure, les dures leçons qu'il a subies, les périls qu'il a appris à braver. Ce passage est un récit brillant, qui a été souvent reproduit dans les cours de littérature. Ici l'auteur a développé Stace qui avait lui-même amplifié une belle strophe de Pindare (1).

Au lieu de conduire son fils sur les bords du Styx, Thétis l'entraîne vers l'île de Scyros, où l'amour l'attendait à la cour de Lycomède, et, à son réveil, elle lui offre les vêtements féminins qui doivent assurer ses jours. Mais Achille,

> Qui déjà tourmenté du besoin de la gloire
> Dévore l'avenir et rêve la victoire,

veut quitter sa mère et retourner vers le centaure. Déjà même il fuyait, quand il aperçoit les filles de Lycomède, et, parmi elles, Déidamie. Il se laisse alors revêtir de ses habits de femme. Reçu à la cour du Roi, comme une fille de Thétis, il devient bientôt l'amant de Déidamie, et, pour sauver les convenances, sa mère préside elle-même à leur hymen secret, dont la conséquence est la naissance de Pyrrhus. Cependant les Grecs, dont les préparatifs de guerre sont terminés, demandent que les arrêts du destin s'accomplissent. Ulysse et Diomède sont envoyés à la

---

(1) Troisième néméenne, consacrée à Aristoclide d'Egine. Dans la strophe III, le poète y parle des exploits d'Achille encore enfant, lorsqu'il est chez le centaure :

Ξανθὸς δ' Ἀχιλλεὺς τὰ μὲν μένων Φιλύρας ἐν δόμοις.

Comparer également l'éducation d'Honorius dans Claudien :

Reptasti per scuta puer, etc.

recherche d'Achille. Apollon les suit, et pousse le navire à Scyros, où Lycomède prépare, pour les recevoir, des fêtes brillantes. Dans le palais, l'œil d'Ulysse ne cherche qu'Achille. Déjà quelques mots qui lui ont échappé l'ont décelé ; mais il faut un stratagème pour le forcer à se trahir. Ulysse imagine alors de placer, parmi les présents qu'il destine aux filles de Lycomède, une lance et un bouclier. Le héros s'en saisit, et Ulysse en profite pour commencer à le dépouiller de ses vêtements. En même temps, on entend les sons de la trompette. Achille s'élance et
> Vers l'immortalité croyant prendre l'essor,
> Son œil demande Troie et son bras cherche Hector.

C'est en vain que Déidamie essaie de le retenir, il a rejoint ses compagnons. Ici s'arrête modestement le poète, en disant :
> Homère va chanter, je dépose ma lyre.

Lors de fouilles récentes faites à Pompée, M. Fiorelli a découvert dans la maison dite de Proculus deux fresques remarquables : l'une est l'entrevue de Bacchus et d'Ariane ; l'autre, qui nous intéresse ici plus particulièrement, représente Achille surpris parmi les filles de Lycomède. On peut en voir un dessein de Thérond d'après une photogaphie dans la 234ᵉ livraison du *Tour du monde*.

Revenons à notre auteur. La phrase de Stace est assez généralement dure, âpre, sèche et contrainte, nonobstant le charme et la poésie du sujet. Sans être absolument irréprochable, le style de Luce, dans Achille à Scyros, comme dans tous ses ouvrages, est élégant et fleuri, un peu lâche parfois et négligé. Mais la marche du poème est correcte, le plan régulier, l'action intéressante. On y trouve, dit M.-J. Chénier, dans son *Tableau de la littéra-*

ture française, des traits ingénieux, d'agréables citations, des tirades bien versifiées.

Une seconde édition de cet ouvrage parut en 1807 : l'auteur y mit à profit les conseils de la critique. Quoi qu'en dise Collin de Plancy dans sa notice, Luce avait eu connaissance de l'opéra de *Achille in Sciro* de Métastase, puisqu'il en parle dans la préface de son poème. Enfin l'œuvre donna naissance à son tour au ballet d'*Achille et Déidamie* et à l'opérette d'*Achille à Scyros*.

Luce avait non sans raison décliné l'honneur de lutter avec Homère, concurrent bien autrement effrayant que Stace ; mais il ne renonça pas à choisir un sujet de tragédie dans l'Iliade. Racine avait pris Andromaque ; Luce, d'Achille passa à son rival Hector, et cette pièce, son dernier retour au théâtre, fut représentée pour la première fois au Français, le 1er février 1809.

La première tragédie d'Hector, antérieure de trente-trois ans au Cid, remonte à l'année 1603. Elle est du sieur de Vatteville (Antoine de Montchrestien) qui, à la tête d'un parti protestant, fut tué en 1621 par les catholiques. L'analyse de sa pièce est dans la *Bibliothèque du théâtre Français* de La Vallière. Viennent ensuite l'Hector de Mauléon, en 1630 ; un Hector imprimé à Soissons en 1675 et dédié au cardinal d'Estrées, par un principal du collège de Soissons nommé Sconin ; enfin, en 1752, une tragédie de Pélon de Clairefontaine, secrétaire du duc de Villars, qui fut imprimée, mais non représentée.

Indépendamment du sujet proprement dit d'Hector, quantité de pièces se rattachent à l'histoire des Atrides et à la guerre de Troie, si nombreuses qu'elles ont motivé la boutade de Berchoux :

Race d'Agamemnon qui ne finit jamais.

Parmi les ouvrages dont Luce avait à surpasser le mérite, était la *Briséis* de Poinsinet de Sivry, représentée en 1759, et qui est en quelque sorte la contre-partie de la tragédie d'Hector. Dans cette première pièce en effet, l'enlèvement de Briséis est fatal aux Grecs, à cause de l'inaction d'Achille qui en est la conséquence; dans Hector, c'est l'enlèvement d'Hélène qui fait subir aux Troyens les horreurs d'un long siége. Lisez Briséis; les députés troyens y viennent supplier Achille; parcourez l'autre tragédie, ce sont les envoyés des Grecs qui vont demander la paix à Hector. Patrocle meurt dans l'un et dans l'autre poème; Achille alors se réveille, et Poinsinet le fait marcher contre Hector, tandis que, chez Luce, c'est Hector qui va chercher Achille; mais le résultat est le même.

Une seconde concurrence, plus redoutable encore pour Luce, était dans cet adorable type d'Andromaque, dont les larmes coulent si délicieusement avec les vers de Racine, que ce poète a su rendre exquise sa plainte pourtant si monotone. Luce avait à représenter seulement ses frayeurs pour son époux vivant encore, passage continuel de la crainte à l'espérance, de l'inquiétude à la joie. La situation était plus variée que celle de la veuve d'Hector ne se rattachant à la terre que par l'amour qu'elle porte au fils de son époux; car, en principe, Andromaque doit être plus intéressante quand elle s'efforce de conserver son mari, que lorsqu'elle le pleure mort; et pourtant, telle est la magie de l'incomparable talent de Racine, que ce rôle un peu effacé d'Andromaque donne le titre à la pièce et surpasse jusqu'aux fureurs d'Hermione.

Enfin le troisième rival de l'auteur français était le grand Homère, dont l'immortelle épopée se termine précisément aux funérailles d'Hector.

Voyons maintenant quel parti a tiré Luce des travaux de ses devanciers.

Au début de l'action, Hector est victorieux, parce que Achille s'est retiré sous sa tente ; et les Grecs, par l'organe de Patrocle, viennent offrir la paix à Priam, sous la condition du renvoi d'Hélène à Ménélas. Andromaque, alarmée des prédictions de Cassandre, à laquelle elle du moins croyait, incline pour un traité qui lui rendrait son époux. Hector, en citoyen fidèle, y consentirait également. Mais il n'a pas encore mesuré sa lance contre Achille ; aussi se contente-t-il de déclarer à Patrocle qu'il attendra les ordres du roi son père. Pâris, instruit de l'affaire, s'indigne qu'on puisse avoir l'idée de rendre son Hélène. C'est cependant ce que Priam ordonne, et Hector la conduisait aux Grecs, quand soudain, par l'artifice coupable d'un troyen jaloux de rompre la trêve, un trait lancé contre le mari d'Andromaque est de nouveau le signal des combats. Hélène est donc ramenée dans les murs de Troie, dont les Grecs ont chassés. Au troisième acte, Hector accuse violemment les Grecs de trahison, et, devant Patrocle, menace Achille, provoquant ainsi lui-même le combat dans lequel il doit périr. C'est en vain qu'Andromaque alarmée veut ramener son époux à des sentiments plus pacifiques : Hector ne veut plus rien entendre. L'oracle a prononcé que le peuple, chez lequel est né le perfide qui a violé la paix, perdra son plus ferme appui, ce perfide doit être un Grec. Au quatrième acte, Hector, triomphant, revient couvert des armes d'Achille. Des transports de joie éclatent ; mais on ne tarde pas à découvrir que le héros troyen n'a combattu et vaincu que Patrocle. Seulement, au bruit de la mort de son ami, Achille sort enfin de sa tente, et il appelle Hector au combat, au moment même où celui-ci vient d'apprendre l'action déloyale du soldat troyen. Hector, se rappelant l'oracle, s'indigne et frémit; mais, comme il le dit à Andromaque :

> Cet oracle est douteux, mon devoir ne l'est pas.

Et il accepte le défi d'Achille. Avec le cinquième acte, s'ouvre la scène depuis tant de siècles admirée dans Homère, celle des adieux d'Andromaque. C'est aussi le plus beau passage de Luce, qui, par une idée heureuse, a donné à Andromaque le pressentiment de sa captivité future. On y admire également le courage tranquille d'Hector, son noble dévouement et ses derniers vœux pour son fils :

> Pour héritage au moins qu'il ait le nom d'Hector.

La fin de l'acte est moins bonne. Elle est remplie par l'inutile défi de Pâris, qu'Achille refuse de combattre; par son repentir, par ses imprécations contre son fatal amour, enfin par son espérance d'abattre un jour Achille, au moins par la ruse.

La versification de cette pièce a de l'éclat, de la chaleur et de la correction. Des vers brillants succèdent heureusement à d'autres pleins de simplicité et de naturel, ce qui n'est pas la qualité ordinaire de Luce. Le rôle principal, celui d'Hector, est compris. C'est bien le héros d'Homère, sans emportement ni forfanterie, comme sans faiblesse. Mais, cette fois encore, on pourrait reprocher à Luce, après avoir constaté sa parole sonore, son style facile et son bon goût, de ne pas creuser suffisamment ses sujets. Aussi ne peut-on pas citer de lui de ces vers à l'emporte-pièce, comme il s'en trouve dans les écrivains du grand siècle.

Telle quelle néanmoins, la tragédie d'Hector, interprêtée par le grand Talma, est, de tous les drames de Luce, celui qui a le plus réussi au théâtre. Elle plut particulièrement au maître des destinées de la France, parce qu'elle lui avait été lue avant d'être représentée, et que l'auteur en avait modifié certains passages, d'après les avis de la censure impériale. Plusieurs allusions délicates ne laissèrent pas non plus Napoléon insensible. Il assista à la première représentation, pour en assurer le succès, et il prononça que c'était « une pièce de quartier général, et qu'après l'avoir entendue, on allait mieux à l'ennemi. » L'empereur n'anoblit pas cependant Luce, qui n'était point un Corneille ; mais il le récompensa magnifiquement. La pièce, proposée en 1810 pour le prix de l'Université, valut à son auteur la croix de la Légion d'honneur et une pension de six mille livres, sans compter sa nomination de professeur de rhétorique au lycée impérial, de professeur de poésie latine à la faculté des lettres de l'Université, enfin la promesse du premier fauteuil qui serait vacant à l'Académie française.

Nous ne parlerons pas d'une dernière tragédie, *Cosroès*, imparfaite et restée en manuscrit, pas plus que d'une comédie en quatre actes et en vers, *Le lord impromptu*, tirée d'un roman de Cazotte, représentée aux Français en l'an VIII, mais qui ne figure pas dans ses œuvres. Nous laisserons également dans la pénombre, faute de date précise comme aussi d'intérêt, le poème en quatre chants de *Folliculus*, satire plus ou moins piquante contre Geoffroi, alors rédacteur de l'article spectacles dans le *Journal des Débats*, et qui doit être de 1809 ; mais elle ne parut qu'en 1812, signée L***, Paris, in-8° de 52 pages. Cet écrit, dit Guérard dans la *France littéraire*, fut supprimé par l'autorité. On en trouve des fragments dans la satire de Bouvet de Cressé, intitulée *Folliculé ou les faiseurs de réputation*, publiée en 1813, et elle a été imprimée intégralement dans les œuvres de Luce. Geoffroi avait reproché à la pièce d'Hector d'être totalement dénuée de mouvement et de variété, et accusé la stérilité de l'auteur, qui avait, disait-il, « plus de littérature que de génie poétique, et dont les naïvetés antiques, exprimées en vers précieux, sont enluminées du vernis moderne. » Luce, se regimbant, commit l'erreur de lui répondre longuement par des traits qu'il essaya de rendre méchants et dans lesquels il enveloppa Dussault, pour sa critique de l'Achille à Scyros, Fiévée et quelques autres littérateurs de l'époque. Aucun d'eux ne releva cette attaque débitée dans les salons sous le manteau de la cheminée, et ils eurent raison. Ce long pamphlet est le plus pitoyable des écrits de Luce. Tout lui manque : invention, gaieté, poésie ; il ne contient que des injures. L'idée mère est la sottise et la barbarie luttant en vain contre la raison et condamnées au silence par le vainqueur de la Prusse et de la Russie.

La dernière œuvre de Luce fut un discours latin pour le mariage de Napoléon avec Marie-Louise. L'empereur, en 1810, était à l'apogée de sa gloire. Pour consolider sa puissance, pour assurer l'avenir de sa dynastie, il avait résolu de rompre son union avec la bonne Joséphine, et la main d'une archiduchesse d'Autriche lui avait été accordée. Naturellement, on célébra en prose et en vers, en français, en latin et en italien ce grand événement. Le prix du discours latin consistait en une médaille d'or de cent napoléons. Il fut remporté par Luce, alors mourant. Son auteur dicta l'ouvrage d'une voix défaillante plutôt qu'il ne l'écrivit. La récompense lui fut remise sur son lit de mort. Le 16 août de la même année, le grand maître de l'Université, pour justifier le rétablissement de l'oraison latine, s'écriait dans une phrase passablement romaine à la manière de Tite-Live « que c'est quand nos lois et nos armes s'étendent si loin qu'il sied peut-être aux Français de parler la langue du peuple roi. »

Un des plus brillants élèves de Luce, Villemain, a remarqué que ses premiers essais et ses derniers efforts ont été consacrés à l'éloge de deux princesses du même sang et du même nom. En effet, c'est en pleurant la mort de Marie-Thérèse qu'il avait commencé sa brillante carrière; il la termina en chantant l'arrière-petite-fille de Marie-Thérèse. Nous avons cherché vainement à nous procurer cet épithalame, qui n'aurait pas déparé probablement, s'il avait pu y être inséré, le volume publié en 1807 sous le titre de *Couronne poétique de Napoléon*.

Le lendemain de ce dernier triomphe, 17 août, Luce de Lancival n'existait plus. Il s'éteignit à quarante-six ans. Comme sa sœur, il avait observé son vœu de célibat, mais non celui de chasteté. Doué d'un tempérament ardent, il avait trop aimé les femmes, principalement dans sa première jeunesse, et, à ce commerce, il contracta une maladie cruelle qui lui vicia le sang. Les soins d'un ami dévoué, Boyveau-Laffecteur, dont il eut la fâcheuse idée de célébrer dans une ode d'une reconnaissance naïve le fameux remède, ne réparèrent qu'à demi les ravages du mal qui finit par l'emporter. « Il faut avoir connu sa personne, écrivait encore Villemain, dans le *Magasin encyclopédique* de 1810, pour sentir tout ce que les lettres ont perdu par sa mort. Il faut l'avoir vu, l'avoir entendu, pour être en état d'apprécier cette imagination brillante et féconde qui se répandait avec une égale abondance sur tous les objets, ce goût prompt et juste qui saisissait dans les productions d'autrui les moindres fautes et les plus légères négligences, cette composition rapide et facile qui semblait plutôt un jeu qu'un travail. »

Villemain parle ici en élève reconnaissant, et nous le croyons volontiers sur parole, nous contentant de remarquer que son éloge porte plutôt sur le professeur que sur l'écrivain. Or, la facilité dont il le loue est peut-être ce qui a le plus nui à ses productions ; et quant à son talent d'enseignement, il est tout entier aujourd'hui dans le souvenir des disciples devenus célèbres qui, ainsi que l'a fait remarquer Collin de Plancy, sont aussi son ouvrage. Constatons encore que Luce avait de la franchise et de la gaieté, deux qualités qui lui valurent de nombreux amis, et qu'enfin, adoré de ses élèves, pour son dévouement à ses fonctions, il refusa des positions brillantes, qui lui auraient fait quitter l'enseignement qu'il aimait. Quant à son portrait physique, il avait les cheveux et la barbe frisés, de beaux yeux, le nez droit et fort, des lèvres épaises, c'est-à-dire bonnes mais sensuelles.

En résumé, les œuvres de Luce de Lancival se réduisent à deux volumes in-8° de peu d'étendue, mais qui resteront dans les bibliothèques ; et, du poème sur le *Globe* ainsi que de *Mutius Scévola*, il s'est élevé progressivement à la poésie d'*Achille à Scyros* et à la tragédie d'*Hector*, qui est toujours dans les cartons du Théâtre Français. Aussi, en terminant cette étude, souscrivons-nous volontiers à l'appréciation finale de Rabbe, qui le qualifie de « professeur habile, poète distingué et homme du monde aussi spirituel qu'excellent. »

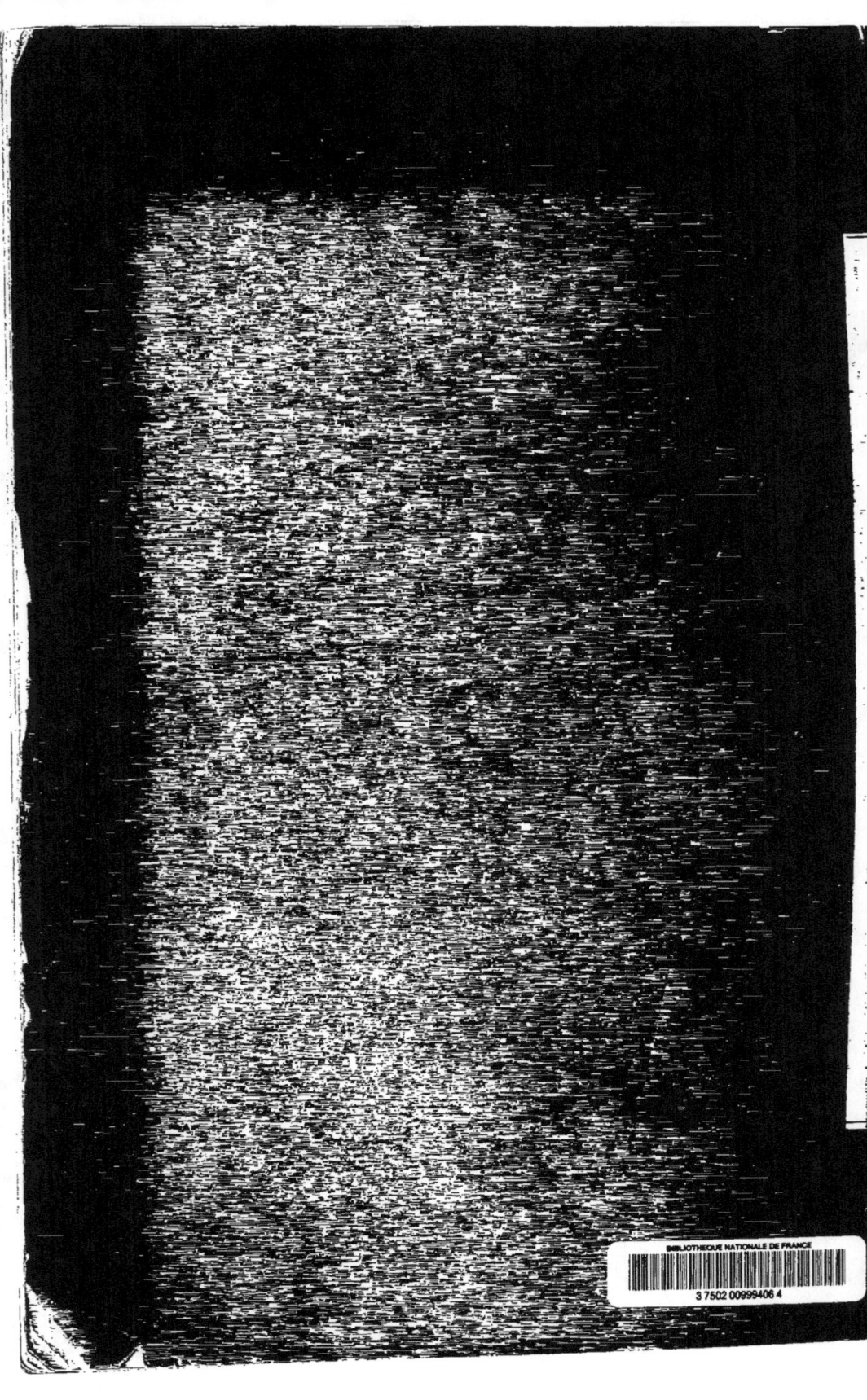

www.ingramcontent.com/pod-product-compliance
Lightning Source LLC
Chambersburg PA
CBHW060457050426
42451CB00009B/701